U0041728

aimer

Michel Puech

作者｜米歇爾・布許

aimer

愛，不愛，好好愛

Nathanaël Mikles

繪者｜納塔拿埃爾・米可

翻譯｜趙德明

作者

米歇爾‧布許 Michel Puech

巴黎索邦大學（Sorbonne Université）文學院教授，正統的哲學教育體系出身，博士論文主題是研究《康德與因果關係》，對於建構一個完整的哲學理論系統有著濃厚興趣。關心的主題甚廣，從 AI 人工智能，企業社會責任、永續發展到軍武……。他希望成人能夠進入哲學思考的社會，在科技、企業、個人和哲學之間找到能肩負起地球和未來永續發展的方法。

繪者

納塔拿埃爾‧米可 Nathanaël Mikles

視覺藝術家、插畫家。畢業於巴黎高等裝飾藝術學院（l'école des Arts décoratifs de Paris），插畫作品散見於新聞媒體和出版品。其創作風格廣受歡迎，融合古典繪畫、科普、奇幻等視覺語彙，擅長用圖像表達對環境、自然科學與人類文明之中的系統性。

作品網站：www.natinspace.com

「我覺得壓力很大……

當她問我，

這輩子到底愛過什麼的時候，

我好像沒辦法坦白回答，

當然，我也不打算憑空捏造。

不過，我真的知道我愛的是什麼嗎？

我有辦法列出一份清單，

上面按照愛的程度依序排列嗎？」

如果要認真地回答：

也許我們會發現，回答這個問題的同時，我們也描述出自己是怎麼樣的人。

為什麼？

可能，有人會對你說：「我愛的就是你啊！」這也算是一種答案。或是一連串或長或短的清單，裡面什麼都有：音樂、運動、旅行……也有可能是冰淇淋的口味、電玩遊戲、電視劇、某個特別的地方或是特別的時刻。清單裡，大概也會有一、兩個人名，而這些人名可能個別對應不同類型的愛：有可能是情人，也可能是朋友、家人，也有可能是毫無關係的某人。

在開始之前，我想先界定一下：

什麼是愛一個人，

而什麼又是
對事物的愛。

例如一片景色、一項運動、一道料理
或是一種音樂類型。後者的情況，我
們可以用「欣賞」（球賽）、「想要」
（吃麵）來替代「愛」這個詞彙。但
如果對象是人，一個你喜歡的人，用
「欣賞」或是「想要」，恐怕不是很
好的告白方式，我們必須要找到更好
的說法……

「我確定他愛我，也很確定我愛他，

但，一切來得太快……

是不是也會很快就消失？

也許某天早上起床，看著對方的臉，

卻再也感受不到愛，一切就要結束？

愛情說來就來，說走就走，

是否沒有什麼道理可言？」

愛
不愛
不再愛

這一切毫無道理。某天,突然愛上了從未喜歡過的東西,例如奇異果或是芒果冰淇淋;又一天,突然發現不再像去年夏天一樣,愛跟爺爺一起划船,或者才下一秒就看不順眼剛剛買的衣服。

你可以認為愛無法解釋，從天而降，就像是一種「必然」。然而⋯⋯愛真的是從天而降的嗎？真的沒有任何自願的成分？人們會說「墜入愛河」，「墜入」聽起來就不是自願的。然而事實上，幾乎所有的人都在尋找愛情，都在尋找「墜入的機會」（除非已經找到理想的對象）：我們用盡一切可能，好讓自己墜入愛河──同時努力地讓心上人也一起墜入。如果兩個人剛好都在想同樣的事情，那麼一切就會非常順利。

這就是為什麼那麼多人，明明並非被動，仍然「墜入」愛河，因為他們完全是自找的。

有的時候，人們尋找的並不是愛情，

而是一種吸引力，證明自己有足夠魅

力，能吸引別人的注意：

成為那個萬中選一的人。

不過，如果只是要透過吸引別人來證明自己的魅力，一旦願望達成以後，就不需要再繼續證明了。一段關係會因此立刻結束，而且，為了再度證明自己的魅力，會需要馬上去勾引下一個目標。

如果只是著迷於證明自身魅力，算是墜入愛河嗎？你是否有花時間陪伴對方？

的確，愛上一個人，或是墜入愛河
這種事，是沒辦法「預約訂做」的。

一段愛情故事的開端，

往往都不是出於
誰的意願。

突然一瞬間，發現某個人，獨獨
就只有這個人，在我們心中觸發
一股特別的、甜蜜的感受。

戀愛，
是一種無與倫比的體驗。

會讓人覺得活著是多麼地有意義，感到生命不可思議、充滿能量，看待世界和萬事萬物都會出現全新的角度，彷彿突然揭開真實世界的另外一面。切身感覺到活著的精彩，體驗度過的每分每秒。

例如，在約會前，等待著戀人的那段時光，即便只是等待而已，我們也可能會故意提早一點抵達，享受這美妙的時刻——當戀人姍姍到來，再一次體驗那種在人海中一見鍾情的心動感（如果對方事先傳了訊息，說明錯過公車會遲到，反而就沒有那麼期待了）。

談戀愛的時候，會很享受這些一閃即逝的幸福時光，而且根據醫學上對賀爾蒙的研究顯示，人會不斷嘗試、試圖重現這種可以持續許多天的愉快時刻，好讓自己飄浮在心動的那個瞬間，一波接一波不停息。換一個角度來看，心動的感覺比起飄浮，更像是潛水，因為那並不是我們能控制的：有時候明明是想飄浮，卻發現自己正在下潛，因為，愛情的風浪遠比想像中的更加猛烈。

愛是，

一種強烈的情感。

愛情具備雙面性，一方面不情願（完全無
法控制），一方面又很渴望（努力地去掌
握）。愛在兩種不同層面上互相跳躍搶進：
強烈的情感（也是屬於賀爾蒙的一面）以
及理智的意識，而在這兩面之間，存在著
許多不同型態的愛情。

當體驗到強烈情感的時候，心滿意足地忍受著，看能不能這樣持續下去，或等待著什麼時候激情會褪去。在這樣衝突的情緒下，愛變得十分濃烈，更像是原始的動物慾望，或者可以說是一種「野性的愛」。

也可以選擇對抗這樣的激情，不要屈服，重新讓理智主導控制權。不過，這往往是悲劇故事中會看到的橋段——而結局往往不是太好。

另一種可能：承擔這樣強烈的情感，不僅僅忍受，更主動地接納它。從一見鍾情的火花中，接納自己的感覺，並且將之轉變成自己和對方都願意承擔的重要責任。

墜入愛河，

只不過是
起點而已

在愛情裡，「保持理智」不是一件那麼容易的事。
在開始愛的時候，會有一段時間差——當我們反
應過來，並意識到自己墜入愛河時，實際的進度
早已遠遠超前——總是如此。而且，非得要經過
好一陣子以後，我們才能重新控制這一切。

在這段期間當中，我們有可能在衝動之下，做出
許多足以懊悔的事。然而，我們並不是真的想要
做這些事，而是戀愛的理智線路還沒啟動。

因此，關於愛，或多或少必須要適時表達自己的意願。

別讓自己成為「一見鍾情」的受害者。

但，這並不意味著愛情是一項經過深思熟慮、計算過的行動。

如果一個人被愛，是因為長得很美很帥，或是身材好、很有錢，或是很慷慨（或者又有錢又慷慨，但是通常很少兩者兼具），我們有充分的理由去愛上他／她。但是，這樣的理由，是不是有點過分？「你愛我，只是因為我的身體嗎？」對方可能會這樣問，或者：「你只是愛我的錢？」但反過來說，就算絕口不提這些理由，對方可能仍然不滿意：「難道你不覺得我漂亮嗎？」

對方的外貌之美、各種特質（幽默、樂於陪伴、大方、真誠……等等）確實組成了愛情的一部分，這沒什麼不好意思承認的，但是愛情的發生，並不能完全用這些因素來解釋。

當我們愛上一個人，我們當然也會愛上他／她的外表，他／她的幽默、個性和特質等等，但這些，並不足以構成愛上一個人的充分條件。

愛上一個人的意思是：我們認為
「那個人」的身上有一種獨一無
二的「價值」，跟他／她身上的
特質、優點等等，都無關。

當愛上一個人，
我們就不再為自己著想。

因為每一刻，
我們都在熱烈地想著對方。

因為時時刻刻思念著對方，所以不知不覺中，只為對方著想，而不是為了自己。

當我們在溼冷的早晨出門買麵包，在戀人還沒起床的時候替他／她準備早餐，看到心愛的人享用剛出爐的麵包和熱騰騰的咖啡，遠比自己吃還要來得開心。

「我這麼愛她，所以我老是在想她，
而不是想我自己。我感覺到我們一體同心。
生活在一起，也會讓我們的人生完全融合在一
起。仔細想想，這其實還滿嚇人的……」

愛情建立起一種關係，這種關係包含
了一段故事和兩個對等的人。在愛意
萌生的時候，會有一種強烈的渴望：

想要和另一個人緊緊相連、
甚至結合的渴望。

不過，在某些情況下，愛並不是互相的，而是展開一段不對等的愛（雖然不一定會發生）。在這種情況下，愛雖然出現，卻不會變成一段圓滿的愛情故事。這種只有今天、沒有明天的感覺，聽起來非常動人，因為它是完全無私無我的：

為了愛，

我們可以變得不幸。

我們可能變成虐待行為的受害者：愛上一個折磨自己的人，成為對方用來證明自己魅力的小道具。

也有些人自願去選擇一段不可能的愛，讓自己沉溺於受虐的情境當中，感受無法將其化為圓滿結局的悲愴感。在某些愛情故事裡，我們不知道對方是不是故意，還是或多或少有意地，讓一切變得難以繼續。

如果愛能夠「互相」，
會讓人有種和所愛之人
完整契合的感覺。

但是，讓我們仔細想想看：這種契合，好像有個矛盾——和一個想法跟自己相同的人一起生活，他／她喜歡的、他／她想要的，都跟我一模一樣，這樣有什麼好處？

餐廳裡，兩人點了同樣的餐點，電影院裡，兩人發表了一樣的評語，慢慢地，開始連衣著打扮都變得越來越像，我們是不是該說：

多麼完美的一對啊！

還是該說：「多麼脆弱的一對啊！」

彼此相愛，儘管不愛對方最愛啃的漢堡。
彼此相愛，儘管一個是科學家、另一個是
藝術家，或是更單純的，一個是男人、而
另一個是女人。相愛並不是要試圖變得跟
對方一樣。愛上另一個人，就是真的去愛
截然不同的他人⋯⋯

而不是愛另一個自己。

「我相信，一旦發生了性關係，

一切都會變得和之前不同。怎麼樣才能知道現

在就是那一刻？但是，最後我會失去什麼？性，

是不是真的會改變一切，

或者只是老一輩道德觀念的束縛？」

如果把愛情視作一種「關係」，「性」代表的
又遠比其他舉止所代表的關係更為重要──也
許是因為我們自童年結束後，便不再有太多的
親密接觸，能和爸爸媽媽撒嬌討抱的年紀過了
以後，任何的擁抱都變得不那麼自然。

有的時候，一個人獨睡，或是沒有被人抱在懷
裡，簡直是一種折磨。當愛上了某人，我們會
感覺到另一種可以成真的親密方式；就像是終
於替某種需求找到了出口。

愛上一個人，
和那個人分享慾望
和性的快樂，形成
了一種無可比擬的
親密連結。

「性」是創造無可替代的幸福感的方法。在一段愛情裡，兩人會很自然地開始看重身體間的親密關係，並且逐漸地，這對雙方而言都變得同樣重要。這並不簡單，特別是剛開始，因為你知道這些初體驗將會留下深刻記憶。你可能會質疑自己的性傾向（是不是會被男生吸引、被女生吸引，還是都會？）並且害怕出現一些疑難雜症（性病、意外懷孕）。

性關係的出現，
也是對正在建立中的愛情
關係的一種測試。

當性以不自然的方式和時間點出現的時候，可能
代表彼此的愛情關係並不是以理想的方式在運
作、前進。在這種情況下，可能得先處理好兩人
的感情問題，這樣才能正式準備好來享受性關係
的樂趣──因為只有跟我們深愛的人做愛時，才
能真正達到幸福的高潮。

（否則，真的不如自己來

靠幻想解决就好！）

沒有愛情的性關係，也有可能發
生。性、愛有可能各自分離。

沒有愛的性，
　甚至讓人感覺更為色情，

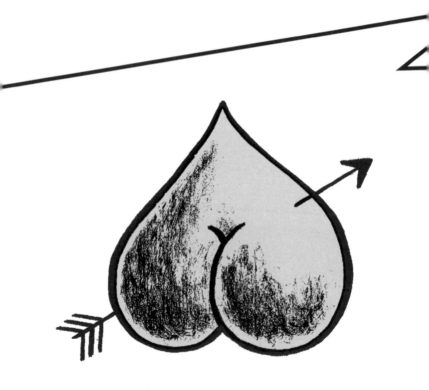

純粹的感官刺激，
充滿野性，而且毫不複雜。

但是，要是能夠比較並試過蘊含愛情的
性，才能體會到什麼是「情慾交融」。

因為彼此進入了對方最私密的所在，不僅
僅是身體的私密處，同時也進入心理和情
感的私密處。到了那時，我們也不吝將自
己最深的私密空間交予對方，分享性的歡
愉，同時分享更多親密及隱私的心情。

「我完全搞不懂他的舉動。
如果是別人做一樣的事，
我一定會覺得很討厭、很可悲，
但是⋯⋯因為我愛他，
我不想片面評斷他，想要接納他的一切，
既然愛他，就應該愛他的一切⋯⋯
但是，要到什麼樣的程度才夠呢？」

愛上一個人的時候，
我們會對他的價值產生絕對的肯定，
但是，要肯定到什麼程度？

我們可能會認為這是沒有底線的，為
了愛，可以沒有極限地做任何事……
但是，先冷靜下來想一想：「絕對」
和「什麼都可以」這種事情，往往會
帶來傷害，而這並不是我們想要的結
果。

當愛上一個人的時候，會把那個人理想化，也會把對彼此的感覺理想化。

當愛上一個人的時候，

我們可以毫不費力地，花上幾個小時讚嘆所愛的對象：「他真的好帥！」「她真的好美！」或是「她真的好聰明！」「他真的好棒！」儘管或許我們是唯一這麼認為的人。

戀人身上的小小缺點，根本不成問題。無論是被對方的外表迷得神昏顛倒，或是完全不介意對方說話有時太浮誇，甚至很難聽，這些都沒有關係。

無法保持客觀是很正常的。

她真的超有女人味！

他太 MAN 了！

L'HOMME CANON

（猛男）

但是，這種迷戀，什麼時侯該踩煞車呢？

如果發現自己愛的對象偷拐搶騙、不老實，或是在外面故意找麻煩、辱罵旁人，或是從來不負起該負的責任，我們可以判斷對方是危險的人，並且決定不再繼續將他／她理想化。

當戀人的舉動透露出一些你絕對無法接受的缺陷（不是小缺點，而是嚴重的問題，例如：使用暴力），然而，如果這時彼此的愛情正濃烈，可以試著採取行動，改變對方的行為。

愛，有時候，
是在教育對方，
也互相教育，
讓在愛情裡的兩人，
都能一起成長，
變成更好的人。

不過，我們需要注意一個訊號：

如果不能改變對方身上那個我們無法接受的缺陷，那個缺陷將會在這段關係中一再出現。

愛情
需要理想

但是，一個虛幻的理想，只會讓自己遮起雙眼不願去看哪裡出了問題，不去質疑、找出問題，反而將一切訴諸命運或是迷信的時候，這就不再是愛情了。這也不是真實的情感。

可以理想化，
但是不要
神格化

當我們想要投入一段彼此對等、前後一致的愛情時，這就是挑戰之處。

如果我們對理想和完美的需求沒有止盡，很容易就會落入自怨自艾的失落情緒當中。就算有一天，對方臉上長了一顆超大的痘痘，還是可以覺得他很帥氣。就算對方忘記了約會時間、生日、紀念日，還是可以很可愛。但如果每次都用扣分的方式去面對自己不滿意的結果，可能是因為我們其實根本不在愛情裡，而是在其他的關係裡，例如一場競賽，或是某種測驗。

「愛上他以後，我改變了很多。

但也不是因為他的關係，

純粹就是戀愛的結果。我現在更懂得欣賞音樂、

風景、陽光、生活、一切⋯⋯

所有的東西都變得更加彩色、更加真切。

為什麼我會變成這種浪漫的人呢？」

愛情，
仍然充滿了許多
不可解的謎團。

在愛情裡，我們感覺到一股超越自身存在的力量。

戀愛時，的確有一些神聖的東西，不是尋常可見的。談戀愛的人會進入一種神祕的狀態，就像虔誠的宗教信徒。愛情是一項體驗，體驗從頭到腳的澈底轉變，連看待世界也會充滿不同的光彩。當然，愛不是一種宗教，比較像是一種美感的體驗——極度強烈的那種。

戀愛中的人對美特別敏銳。

除了欣賞戀人身上的美之外，也會欣賞自然之美、天空和景物之美。夕陽西下，手牽著手，在這樣濃烈的氛圍當中，愛的感覺會和對世界和生命之美感到讚嘆的心情融合在一起。就算是再不浪漫的人，在戀愛的時候，還是會忍不住變得詩情畫意。舉例來說，當人在戀愛時，會對音樂特別有感觸——也許音樂能夠讓戀人們自由翱翔在各種美夢之中。

人類的愛情，
是一項文化創造，
也是一項藝術創造。

特別在藝術領域，有很大一部分的創作都和愛情有關。在西方世界，特別在十二世紀到十三世紀，存在著一股跟愛情有關的文化潮流，那就是充滿騎士精神的「風雅之愛」。詩人們制定了一套追求戀人的套路──充滿微妙而複雜的規則，有點像是對迷戀對象的崇拜儀式。

動物們無時無刻都在努力存活，尤其會在和性有關的活動上卯足全力，但是動物卻不會寫出《羅密歐與茱麗葉》這樣的愛情故事。這就是我們和動物之間的區別。

《羅密歐與茱麗葉》的故事講述的是一段不可能
有結果的愛情悲劇（兩邊的家族是世仇）！另外，
像是《崔斯坦與伊索德》也同樣以悲劇收場（崔
斯坦得誘惑必須嫁給國王的伊索德）。

為什麼悲劇的愛、不可能有結果
的愛情故事，總是那麼吸引人？

大概是因為這是最完美的劇本：在兩人之間同時具有最強烈的慾望和最困難的障礙，因此誕生了各種冒險和事件。儘管面臨各種困難，仍然想要獲得愛情的心情，這是人類生而存在的一項重要證明，證明自己能夠感受到強大的意念並且願意承擔，奮力將其化為現實，儘管現實並不允許。

圓滿的愛情故事，應該要讓追求愛的慾望戰勝那些阻撓：終於兩人能夠自由相愛，幸福終老。不過，這樣可能又太老套了，還不如來一點更浮誇的言情小說情節，例如貧窮小護士要嫁給年輕俊美又有錢的外科醫生，卻面臨來自家長的阻撓……等等。

「我從來沒有那麼認真愛過一個人，
到頭來，卻換得從來沒有過的痛苦。
為什麼會這麼痛呢？這樣真的值得嗎？」

愛情也會帶來痛苦。

當我們全心投入，並且深深地依賴與另一個人之間的關係時，其實充滿風險。許多人很害怕心碎的痛楚，以至於根本提不起勇氣全心投入，去愛一個人。

愛情會留下傷痕，但是每一道傷痕其實也是治癒的象徵——傷疤是傷口能夠癒合的證明。如果因為害怕受傷而不願意冒險，永遠等待著另一個人採取行動，小心翼翼以免出糗或是被拒絕，那麼也許，我們並不是真的在愛情裡。

愛情常常伴隨著風險，被嘲笑、被羞辱或是被拒絕。儘管如此，追求愛情的行動還是很美，值得尊敬，也讓人感動。

為愛所傷，不是普通的小傷小痛，絕對會是此生所體會的最痛之一。

就算是最堅強、最成熟的人，被愛所傷的時候也會哭泣。失去真愛，並不是單純的失落而已，也不像搞砸一項工作那麼簡單。失去一個人的傷痛，是一種真正的哀傷。儘管那個人並沒有死，但是你再也沒有辦法用過往的方式進入他／她的心裡——愛的鑰匙，已被最親密的人收回。

「我想，我們之間是真的沒有愛了。

雖然口口聲聲說還愛著對方，也會接吻擁抱，

但是當我們需要彼此的時候，

每一次不是他沒空，就是我沒空。

如果彼此沒辦法為對方做些努力，

我們會變得怎麼樣呢？

並不能因為相愛，就得給對方設下責任和義務；

相反的，愛應該要完全尊重對方的自由……

不是嗎？」

相愛，不僅僅在於我們經歷了什麼，或感受了什麼。

重要的是「付出了什麼行動」。

「做愛」一詞，在幾百年前，並不是指發生性關係，而是指付出行動討好、迎合心上人：不論是愛的告白，還是海枯石爛的誓詞，或是夜裡窗外的歌聲或詩詞……

說話的本身，情話裡的文字和那些充滿愛意的舉動，都是賦予愛這個詞意義的行動。

幾乎所有的愛情，都是在說出口的那一刻
起展開。我們千方百計、巧妙迂迴地暗示
對方，我們已經愛上他／她了，不管是目
光、微笑、見面的次數等等。不過，最終
的一刻，還是要說出口。我們可能選擇直
接的方式，或是委婉的字眼，「要不要跟
我一起出去？」在下課回家時隨口問一句，
以免表白的尷尬和被拒絕的風險。有時候，
精心準備的表白反而會讓氣氛太凝重。總
之，就是因為人無法知道自己在心上人面
前會不會太笨拙，所以記得告訴自己，寧
可當個感人的傻瓜。

但是為什麼簡單的表白這件事，還有選擇
表白的方式，在這一刻顯得如此重要？

因為這是承擔的開始。我們決定切換到另一種模式，開始行動而不是靜靜旁觀，終於選擇用另外一種方式來體驗愛情。

以前，我們靜靜旁觀，細細體會心上人的出眾美貌或是難以形容的魅力，但光是「欣賞」對方的魅力或是耀眼的外表，任何人都可以做——說不定學校裡有一半的男生都偷偷暗戀同一個女生，或是診所裡有一半的同事都喜歡新來的實習醫生。所以，我們決定再進一步……

有一天我們說出：

我愛你。

這句話很神奇，我們可以理解為什麼：就像在所有的典禮當中，一定會有一套特定的開場白，用來揭開這場儀式。

「情話」是人類表達愛意的重要形式，但還有其他不同的方式。因為愛是可以實踐的，可以透過行動展現，而不是只能透過話語。

愛一個人，有沒有可能拒絕任何責任，完全不放棄自己的自由呢？或許應該創造出「愛」以外的另外一個詞彙來描述這種「好意」：大方接受但是不用付出任何東西。

愛是要付出代價的。

愛會讓人想方設法，讓人努力達到自己的期待和滿足對方的期待。人對於自己所愛的人，能付出的努力是十分驚人的。這樣的努力足以讓人澈底轉變，就連生活方式，甚至價值觀都可能變得截然不同。

愛情產生的責任相當複雜，有對另一半的責任，同時也有對自己的責任（讓自己變得更好）；有因為愛人而產生的責任，也有因為被愛而產生的責任──特別是好好照顧自己。因為，對相愛的人來說，沒有人能夠替代彼此獨一無二的地位。

因為感受到被愛，所以不再危險駕駛，或者，不再抽菸，這些都是愛的舉動。

在所有伴隨愛所產生的責任當中，最重要的或許也是最簡單的，就是「陪伴」吧。但這可能會是最不容易做到的：如果總是沒空陪另一半，其實大可不必和對方說很愛你或是不愛你了，因為對方一定早就感覺到了。去愛，就是打算用盡渾身解數來回應另一半的需求，而且不會覺得這是一種「義務」。

因為，我們其實明白，不管是看場電影，一點小驚喜，或是不停地閒聊……不管是多麼小的愛的舉動，最重要的都是背後的心意。

每一次戀愛，
都會創造出獨特的
「愛的配方」。

愛是一個整體：感受和另一個人的獨特感覺，
揉合了慾望和幸福，和那個人談論並且編織著
共同的故事，順著感覺和討論去承擔和行動。

我們可能會只想選擇想要的部分，例如，想要
「性」，但不想要「溝通」；想要「被服務」，
但不想要「說對方想聽的話」……之類的。但
事實上，愛是整體無法分割，每一次構成愛的
配方都不一樣，而且無法預期。

所以，愛的本質並沒有多大的祕密，只要照著一個祕訣去做，就能知道如何去愛：愛是實踐，每次都是全新的配方，每次創造出來的愛情都是獨一無二。

「我沒辦法說清楚這段愛情。
它在我的生活中占據了太多位置……
但是不要誤會，我還是想繼續下去，
我知道這對我來說比什麼都重要，
只有我自己清楚。那就是愛。」

不論哪一段愛情，從開始到結束，都需要好好地照顧：

好好照顧對方，好好照顧這段感情，同時，也要好好照顧自己。

一切起源於察覺愛的能力——這代表著我們準備好，要小心翼翼地來追尋愛情。接著是愛人的能力，會幫助我們回應這份愛情並且承擔連帶的責任——並不是負擔，而是幸福的泉源。愛上一個人，就是代表讓那個人變成對自己而言最重要的人。

從那一刻起，有一個很好的說法
來證明沒有什麼比愛更重要：

因為，
愛就是賦予對
方重要性。

去愛一個人，代表讓對方變得很重要；相對的，
被一個人愛，代表變成對別人而言很重要的人。

因此，最重要的事就是如何賦予「重要性」，如
何讓別人變得重要，也就是怎麼樣去愛人。對一
些心理學家而言，這一刻就是最健康的精神狀態。

要好好地照顧對方，就必須先好好照顧自己，照顧自己的第一步就是了解自己，保持自己的一致性。沒有能力去愛的人，往往是前後不一致、個性不穩定的人，他不知道自己是誰，也不知道自己想變成怎樣的人——今天想當軍人，明天想變成音樂家、運動員或是酒鬼；一下子得意，一下子又很失意。這樣的情況沒有辦法成為一致的人，也沒有辦法全心投入一段關係當中。

「了解自己」，以及「知道如何去愛」，這兩件事其實彼此相關，這也就是為什麼第一段刻骨銘心的初戀通常出現在青少年時期。因為在這個階段，我們開始建構出自己的個性，掌握前後一致的特質，同時建立起與別人的深刻關係。

所以我們可以說，
想要體驗一段轟轟
烈烈的愛情，其中
也帶著希望能從青
少年轉變成大人的
心願。

在愛情裡，當我們進入到對方的內心，同時也進入到自己的內心時，有時候可能會感到一陣困惑。但是記得，愛的前提是真實不欺：耍小聰明、扮演成其他人，都是沒有用的。學習愛人的過程，往往也是學習認識真正自己的最好機會。

當我們感到被愛的時候，會覺得真正的自己被人了解而且受到肯定，因而感受到存在的意義。而當我們去愛人的時候，更能感受到自己的存在，真實而不虛此生。

去愛，成了我們的時代課題

　　愛情是一種無與倫比的美好體驗，會讓人覺得活著充滿意義，感到生命不可思議的精彩，每分每秒世界都會冒出新的彩虹噴泉。

　　但是，愛情所帶來的痛苦也不小。無法控制的情緒波動，不對等的約束和自我犧牲，單戀或失戀所帶來的折磨，都會讓人的理智選擇和它保持距離。

　　「不要浪費時間在愛情上，把時間留給自己，多愛自己一點。」

　　人們並不希望為愛情投入太多，但又希望能掌握自己的愛情。最終，往往選擇忽略察覺愛的能力或是只願愛自己。

　　於是，愛無能。不是經典電影中的那種「不可能的愛」（l'amour impossible）而是「無能去愛」（incapable d'aimer）。關上了察覺愛情的能力，切斷了與外界情感上的聯繫，同時其實也忽略了好好照顧自己、愛自己的需求。

為什麼《羅密歐與茱麗葉》這種愛情故事總能跨越時間受到歡迎？因為在兩個人之間，同時存在著最強烈的慾望和最困難的障礙，而儘管面對挑戰，仍然想要結合的意念，是人類活著的一項重要理由。

　　大部分的動物也都無時無刻努力過活，追求性和繁衍，但是動物們卻不會出現《羅密歐與茱麗葉》這樣的愛情故事。人類證明自己能夠感受強大的情感，同時願意回應並且承擔責任，奮力將其化為可能，讓自己的生命成為他人的重大意義。

　　同時，也找出自己生命的意義。

　　對於每一個所愛的對象，一生只會有機會愛那麼一次。而那一次要怎麼把握，是我們的選擇和活著的理由。

　　書裡沒有標準答案。

　　怎麼樣去察覺愛，去愛，便成了我們的時代課題。

　　　　　　　　　　　　　　　　　　趙德明

國家圖書館出版品預行編目資料

愛,不愛,好好愛 / 米歇爾.布許(Michel Puech)作；
納塔拿埃爾.米可(Nathanaël Mikles)繪；趙德明
翻譯. -- 初版. -- 臺北市：積木文化出版：英屬蓋
曼群島商家庭傳媒股份有限公司城邦分公司發行,
2021.05　面；　公分
譯自：Aimer
ISBN 978-986-459-304-0(平裝)

1.哲學 2.通俗作品

100　　　　　　　　　　　　　　　110006639

愛，不愛，好好愛

原文書名　　Aimer
作　　者　　米歇爾・布許（Michel Puech）
繪　　者　　納塔拿埃爾・米可（Nathanaël Mikles）
譯　　者　　趙德明

總 編 輯　　王秀婷
責任編輯　　李　華
版　　權　　徐昉驊
行銷業務　　黃明雪、林佳穎

發 行 人　　涂玉雲
出　　版　　積木文化
　　　　　　104台北市民生東路二段141號5樓
　　　　　　電話：(02) 2500-7696｜傳真：(02) 2500-1953
　　　　　　官方部落格：www.cubepress.com.tw
　　　　　　讀者服務信箱：service_cube@hmg.com.tw
發　　行　　英屬蓋曼群島商家庭傳媒股份有限公司城邦分公司
　　　　　　台北市民生東路二段141號2樓
　　　　　　讀者服務專線：(02)25007718-9｜24小時傳真專線：(02)25001990-1
　　　　　　服務時間：週一至週五09:30-12:00、13:30-17:00
　　　　　　郵撥：19863813｜戶名：書虫股份有限公司
　　　　　　網站：城邦讀書花園｜網址：www.cite.com.tw
香港發行所　　城邦（香港）出版集團有限公司
　　　　　　香港灣仔駱克道193號東超商業中心1樓
　　　　　　電話：+852-25086231｜傳真：+852-25789337
　　　　　　電子信箱：hkcite@biznetvigator.com
馬新發行所　　城邦（馬新）出版集團 Cite（M）Sdn Bhd
　　　　　　41, Jalan Radin Anum, Bandar Baru Sri Petaling, 57000 Kuala Lumpur, Malaysia.
　　　　　　電話：(603) 90578822｜傳真：(603) 90576622
　　　　　　電子信箱：cite@cite.com.my

封面設計　　廖韡設計工作室
製版印刷　　上晴彩色印刷製版有限公司

城邦讀書花園
www.cite.com.tw

2021年6月3日　初版一刷
售　價／NT$ 360
ISBN　978-986-459-304-0
Printed in Taiwan. 有著作權・侵害必究

aimer